この場面での危険ストーリーを想像してください。

KYTルール

批判禁止
- 良い悪いで他者を批判しない

自由奔放
- 思うがままになんでも発言する

大量生産
- どんな内容でもいいので、どんどん意見を出す

便乗加工
- 他者のアイデアに便乗、加工して良い意見にする

否定文禁止
- 「○○しない」という表現を使用しない

具体的表現
- より具体的な表現に言い換える

この場面での危険ストーリーを想像してください。

KYTルール

批判禁止
- 良い悪いで他者を批判しない

自由奔放
- 思うがままになんでも発言する

大量生産
- どんな内容でもいいので、どんどん意見を出す

便乗加工
- 他者のアイデアに便乗、加工して良い意見にする

否定文禁止
- 「○○しない」という表現を使用しない

具体的表現
- より具体的な表現に言い換える

この場面での危険ストーリーを想像してください。

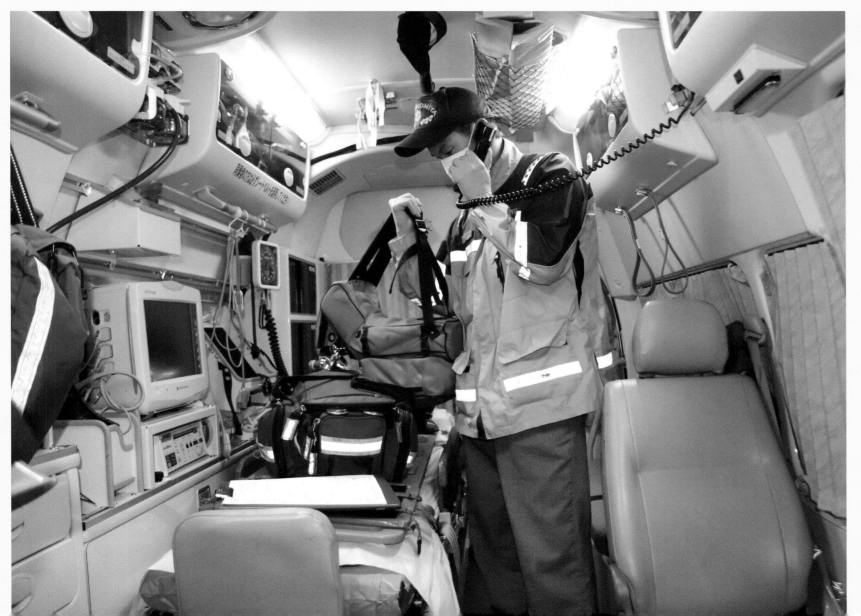

KYTルール

批判禁止

・良い悪いで他者を批判しない

自由奔放

・思うがままになんでも発言する

大量生産

・どんな内容でもいいので、どんどん意見を出す

便乗加工

・他者のアイデアに便乗、加工して良い意見にする

否定文禁止

・「○○しない」という表現を使用しない

具体的表現

・より具体的な表現に言い換える

この場面での危険ストーリーを想像してください。

KYTルール

批判禁止

・良い悪いで他者を批判しない

自由奔放

・思うがままになんでも発言する

大量生産

・どんな内容でもいいので、どんどん意見を出す

便乗加工

・他者のアイデアに便乗、加工して良い意見にする

否定文禁止

・「○○しない」という表現を使用しない

具体的表現

・より具体的な表現に言い換える

この場面での危険ストーリーを想像してください。

KYTルール

批判禁止

・良い悪いで他者を批判しない

自由奔放

・思うがままになんでも発言する

大量生産

・どんな内容でもいいので、どんどん意見を出す

便乗加工

・他者のアイデアに便乗、加工して良い意見にする

否定文禁止

・「○○しない」という表現を使用しない

具体的表現

・より具体的な表現に言い換える

6 傷病者宅に入ろうとしています。

この場面での危険ストーリーを想像してください。

KYTルール

批判禁止
・良い悪いで他者を批判しない

自由奔放
・思うがままになんでも発言する

大量生産
・どんな内容でもいいので、どんどん意見を出す

便乗加工
・他者のアイデアに便乗、加工して良い意見にする

否定文禁止
・「〇〇しない」という表現を使用しない

具体的表現
・より具体的な表現に言い換える

この場面での危険ストーリーを想像してください。

KYTルール

批判禁止
・良い悪いで他者を批判し
ない

自由奔放
・思うがままになんでも発
言する

大量生産
・どんな内容でもいいので、
どんどん意見を出す

便乗加工
・他者のアイデアに便乗、
加工して良い意見にする

否定文禁止
・「○○しない」という表現
を使用しない

具体的表現
・より具体的な表現に言い
換える

この場面での危険ストーリーを想像してください。

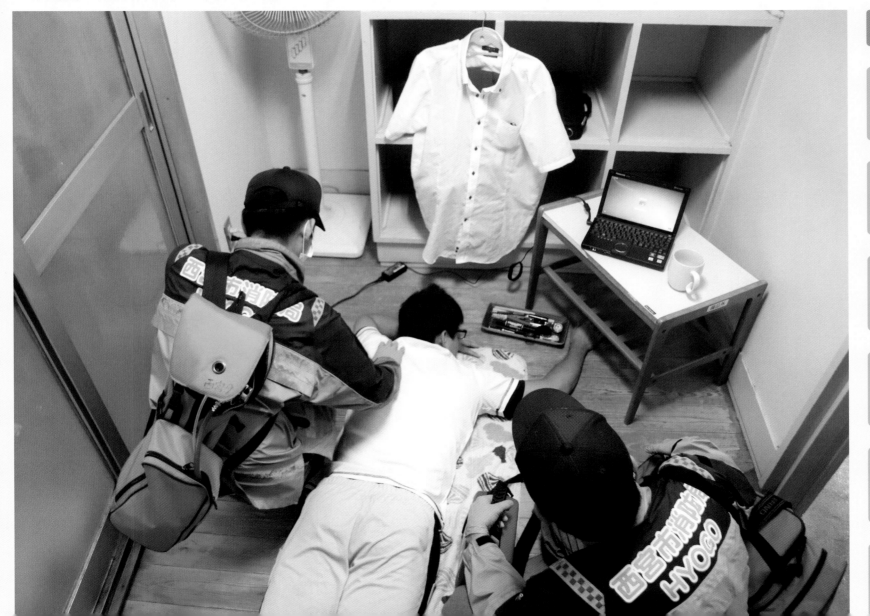

KYTルール

批判禁止
- 良い悪いで他者を批判しない

自由奔放
- 思うがままになんでも発言する

大量生産
- どんな内容でもいいので、どんどん意見を出す

便乗加工
- 他者のアイデアに便乗、加工して良い意見にする

否定文禁止
- 「○○しない」という表現を使用しない

具体的表現
- より具体的な表現に言い換える

この場面での危険ストーリーを想像してください。

KYTルール

批判禁止

・良い悪いで他者を批判しない

自由奔放

・思うがままになんでも発言する

大量生産

・どんな内容でもいいので、どんどん意見を出す

便乗加工

・他者のアイデアに便乗、加工して良い意見にする

否定文禁止

・「〇〇しない」という表現を使用しない

具体的表現

・より具体的な表現に言い換える

10 背負い搬送で傷病者を搬送しようとしています。

この場面での危険ストーリーを想像してください。

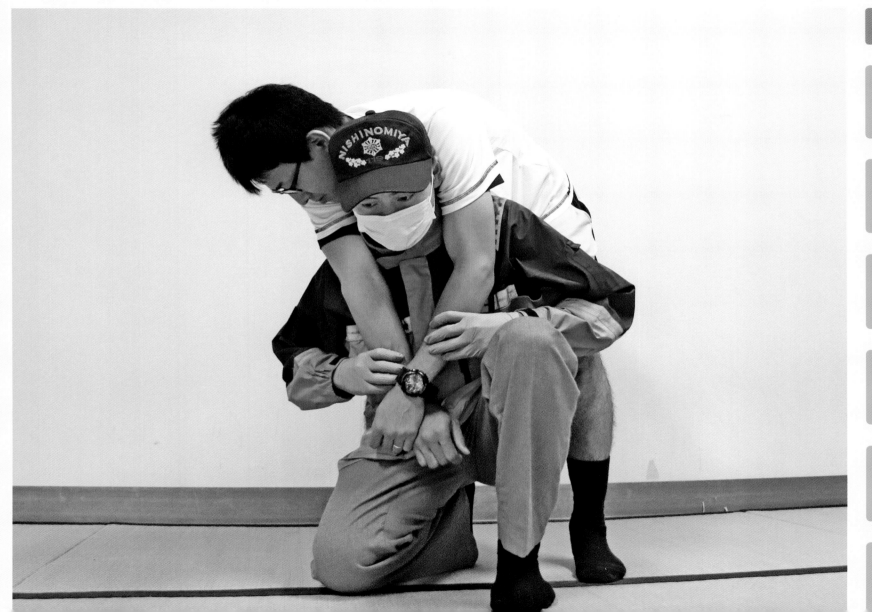

KYTルール

批判禁止
・良い悪いで他者を批判しない

自由奔放
・思うがままになんでも発言する

大量生産
・どんな内容でもいいので、どんどん意見を出す

便乗加工
・他者のアイデアに便乗、加工して良い意見にする

否定文禁止
・「○○しない」という表現を使用しない

具体的表現
・より具体的な表現に言い換える

この場面での危険ストーリーを想像してください。

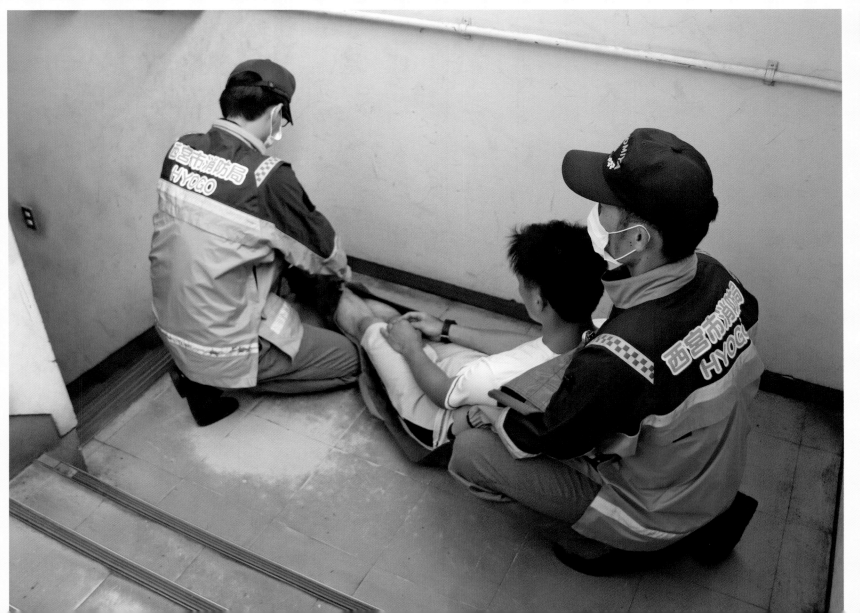

KYTルール

批判禁止
- 良い悪いで他者を批判しない

自由奔放
- 思うがままになんでも発言する

大量生産
- どんな内容でもいいので、どんどん意見を出す

便乗加工
- 他者のアイデアに便乗、加工して良い意見にする

否定文禁止
- 「○○しない」という表現を使用しない

具体的表現
- より具体的な表現に言い換える

この場面での危険ストーリーを想像してください。

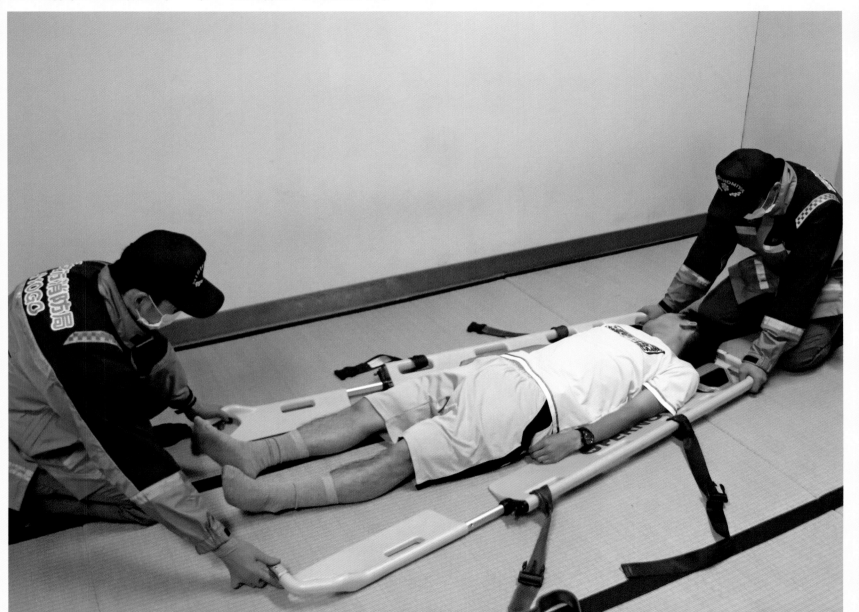

KYTルール

批判禁止

・良い悪いで他者を批判しない

自由奔放

・思うがままになんでも発言する

大量生産

・どんな内容でもいいので、どんどん意見を出す

便乗加工

・他者のアイデアに便乗、加工して良い意見にする

否定文禁止

・「○○しない」という表現を使用しない

具体的表現

・より具体的な表現に言い換える

この場面での危険ストーリーを想像してください。

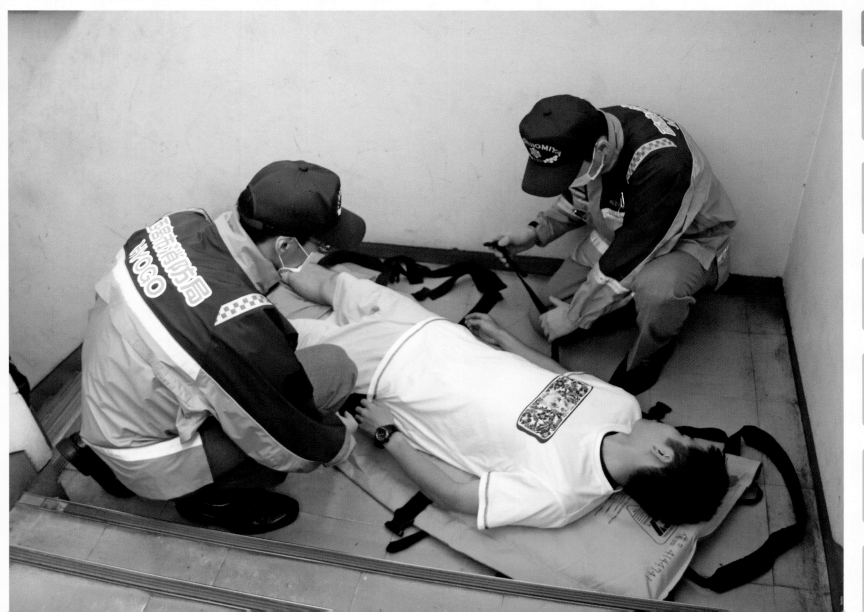

KYTルール

批判禁止
- 良い悪いで他者を批判しない

自由奔放
- 思うがままになんでも発言する

大量生産
- どんな内容でもいいので、どんどん意見を出す

便乗加工
- 他者のアイデアに便乗、加工して良い意見にする

否定文禁止
- 「○○しない」という表現を使用しない

具体的表現
- より具体的な表現に言い換える

この場面での危険ストーリーを想像してください。

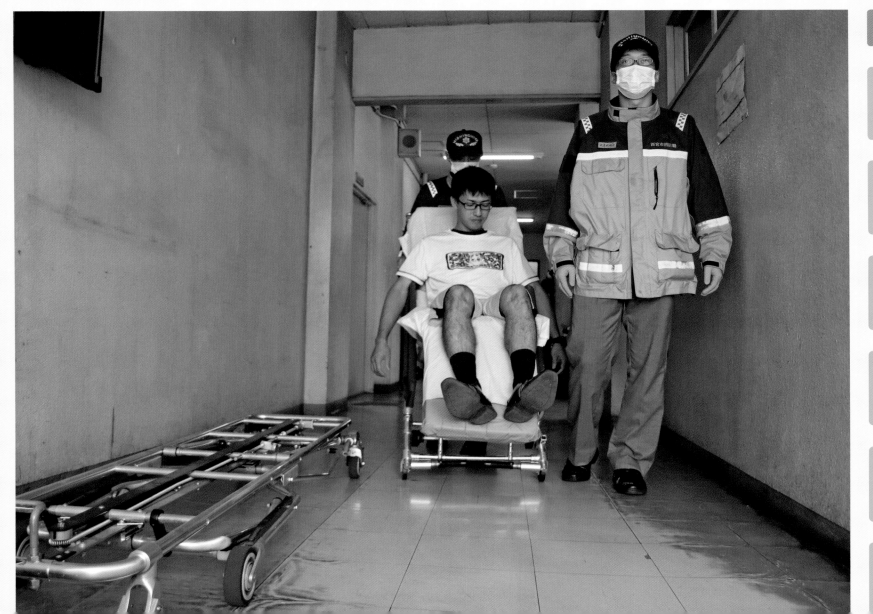

KYTルール

批判禁止
- 良い悪いで他者を批判しない

自由奔放
- 思うがままになんでも発言する

大量生産
- どんな内容でもいいので、どんどん意見を出す

便乗加工
- 他者のアイデアに便乗、加工して良い意見にする

否定文禁止
- 「○○しない」という表現を使用しない

具体的表現
- より具体的な表現に言い換える

15 一人暮らしの傷病者宅を出て行こうとしています。

この場面での危険ストーリーを想像してください。

KYTルール

批判禁止
・良い悪いで他者を批判しない

自由奔放
・思うがままになんでも発言する

大量生産
・どんな内容でもいいので、どんどん意見を出す

便乗加工
・他者のアイデアに便乗、加工して良い意見にする

否定文禁止
・「○○しない」という表現を使用しない

具体的表現
・より具体的な表現に言い換える

この場面での危険ストーリーを想像してください。

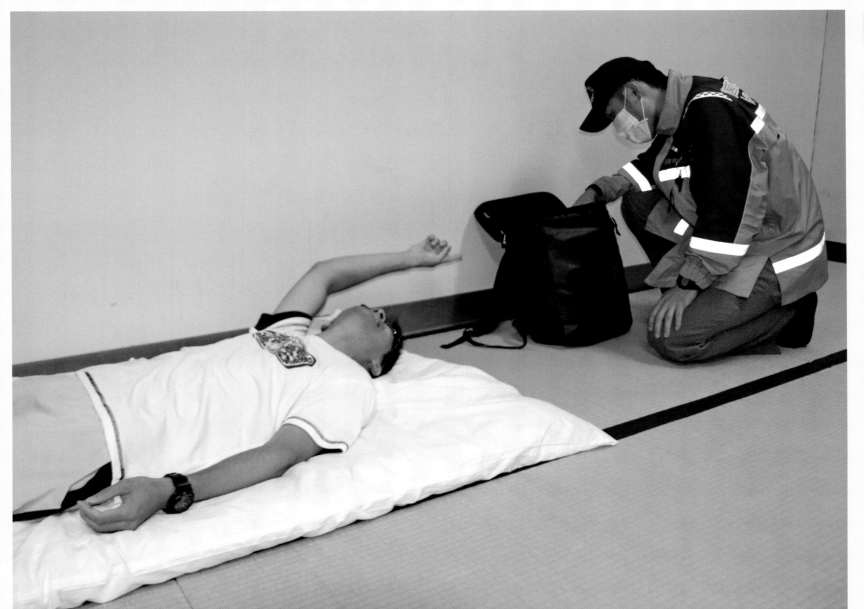

KYTルール

批判禁止
・良い悪いで他者を批判しない

自由奔放
・思うがままになんでも発言する

大量生産
・どんな内容でもいいので、どんどん意見を出す

便乗加工
・他者のアイデアに便乗、加工して良い意見にする

否定文禁止
・「〇〇しない」という表現を使用しない

具体的表現
・より具体的な表現に言い換える

この場面での危険ストーリーを想像してください。

KYTルール

批判禁止
・良い悪いで他者を批判しない

自由奔放
・思うがままになんでも発言する

大量生産
・どんな内容でもいいので、どんどん意見を出す

便乗加工
・他者のアイデアに便乗、加工して良い意見にする

否定文禁止
・「○○しない」という表現を使用しない

具体的表現
・より具体的な表現に言い換える

18 ストレッチャーで傾斜地を移動しようとしています。

この場面での危険ストーリーを想像してください。

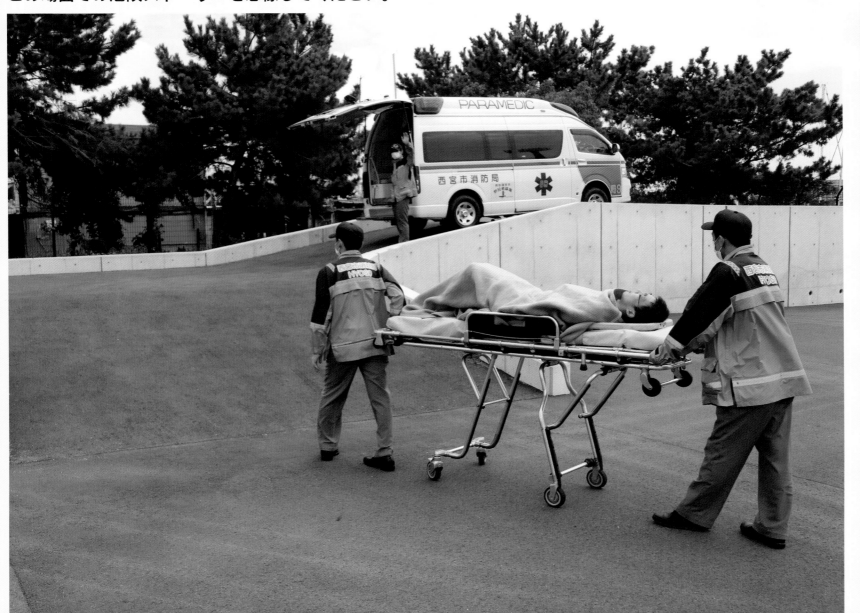

この場面での危険ストーリーを想像してください。

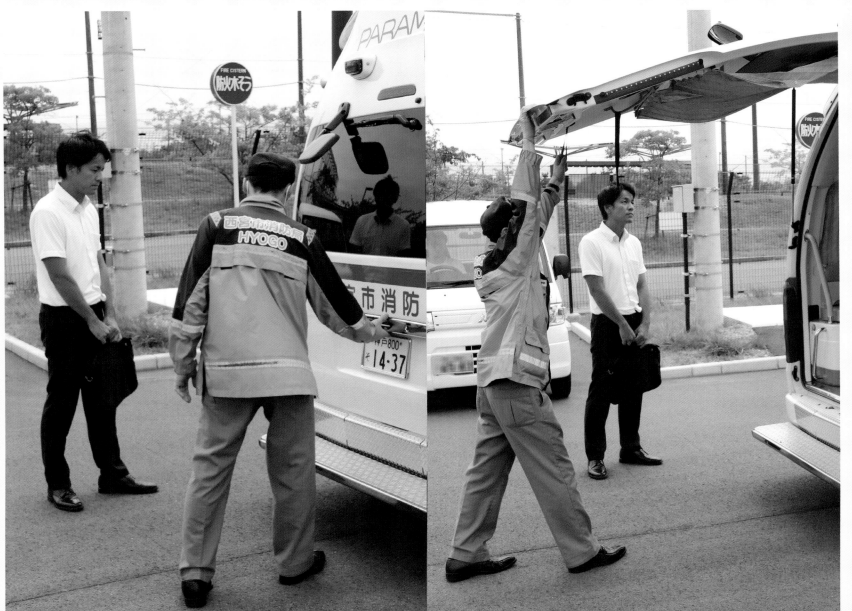

KYTルール

批判禁止
・良い悪いで他者を批判しない

自由奔放
・思うがままになんでも発言する

大量生産
・どんな内容でもいいので、どんどん意見を出す

便乗加工
・他者のアイデアに便乗、加工して良い意見にする

否定文禁止
・「○○しない」という表現を使用しない

具体的表現
・より具体的な表現に言い換える

この場面での危険ストーリーを想像してください。

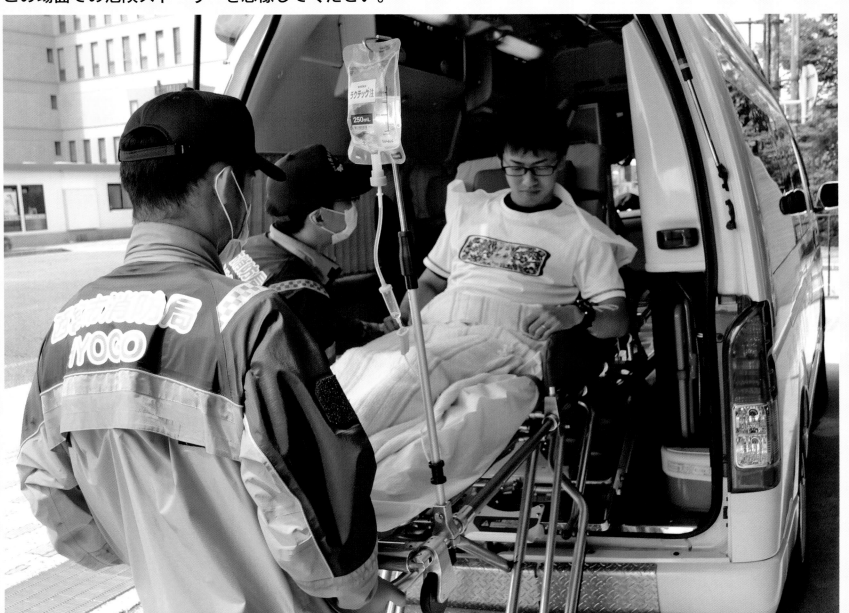

KYTルール

批判禁止
・良い悪いで他者を批判しない

自由奔放
・思うがままになんでも発言する

大量生産
・どんな内容でもいいので、どんどん意見を出す

便乗加工
・他者のアイデアに便乗、加工して良い意見にする

否定文禁止
・「○○しない」という表現を使用しない

具体的表現
・より具体的な表現に言い換える

この場面での危険ストーリーを想像してください。

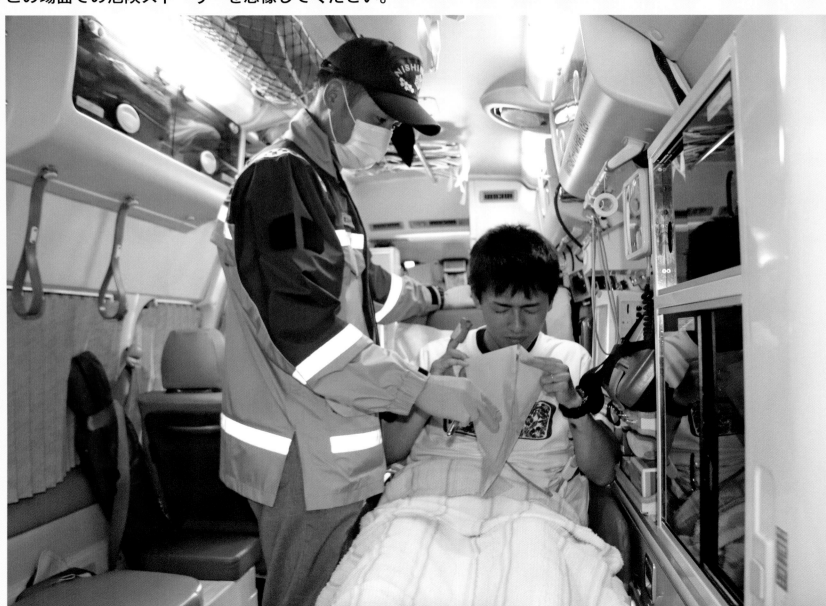

KYTルール

批判禁止
・良い悪いで他者を批判しない

自由奔放
・思うがままになんでも発言する

大量生産
・どんな内容でもいいので、どんどん意見を出す

便乗加工
・他者のアイデアに便乗、加工して良い意見にする

否定文禁止
・「○○しない」という表現を使用しない

具体的表現
・より具体的な表現に言い換える

この場面での危険ストーリーを想像してください。

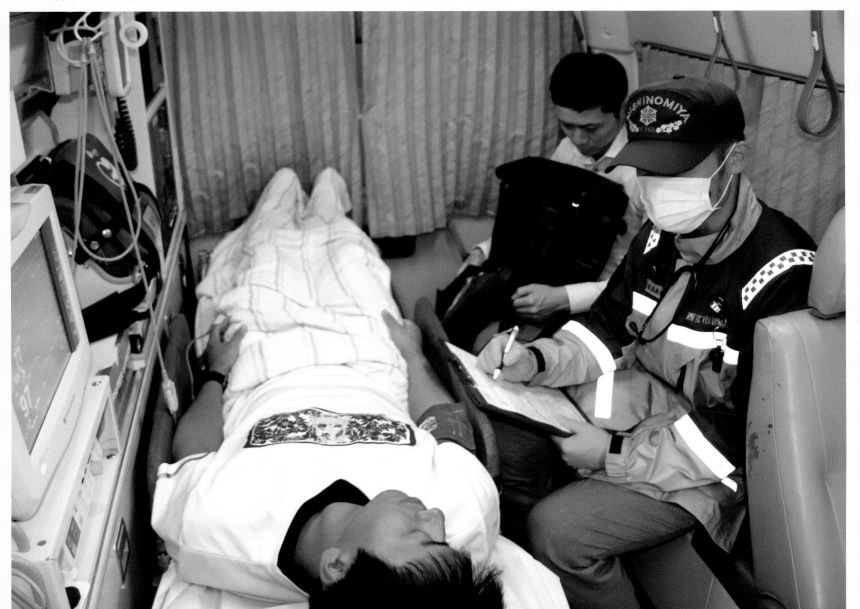

KYTルール

批判禁止

・良い悪いで他者を批判しない

自由奔放

・思うがままになんでも発言する

大量生産

・どんな内容でもいいので、どんどん意見を出す

便乗加工

・他者のアイデアに便乗、加工して良い意見にする

否定文禁止

・「○○しない」という表現を使用しない

具体的表現

・より具体的な表現に言い換える

この場面での危険ストーリーを想像してください。

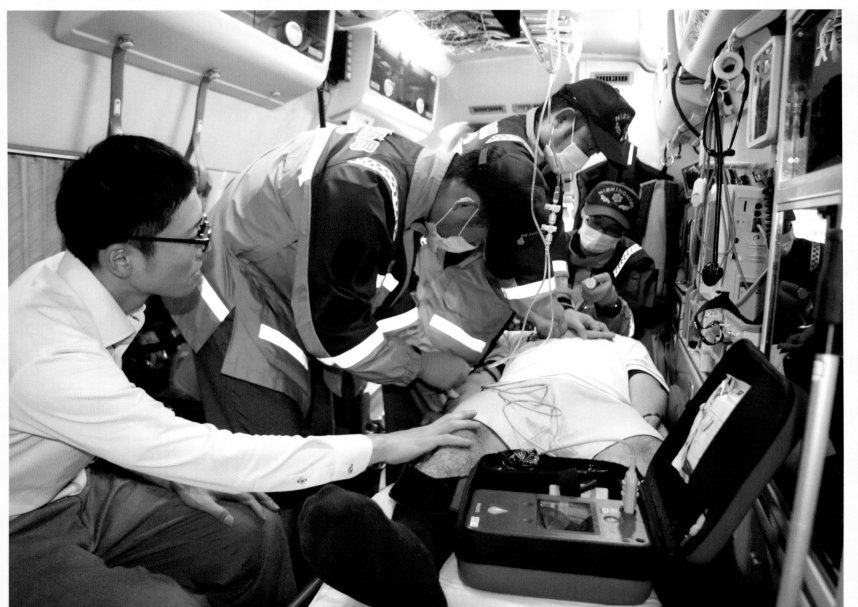

KYTルール

批判禁止

・良い悪いで他者を批判しない

自由奔放

・思うがままになんでも発言する

大量生産

・どんな内容でもいいので、どんどん意見を出す

便乗加工

・他者のアイデアに便乗、加工して良い意見にする

否定文禁止

・「○○しない」という表現を使用しない

具体的表現

・より具体的な表現に言い換える

この場面での危険ストーリーを想像してください。

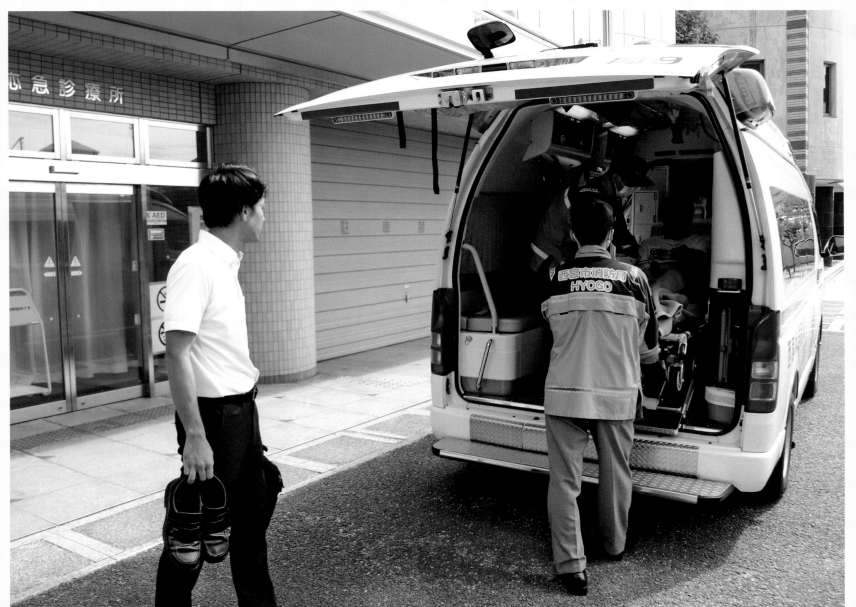

KYTルール

批判禁止
- 良い悪いで他者を批判しない

自由奔放
- 思うがままになんでも発言する

大量生産
- どんな内容でもいいので、どんどん意見を出す

便乗加工
- 他者のアイデアに便乗、加工して良い意見にする

否定文禁止
- 「○○しない」という表現を使用しない

具体的表現
- より具体的な表現に言い換える

この場面での危険ストーリーを想像してください。

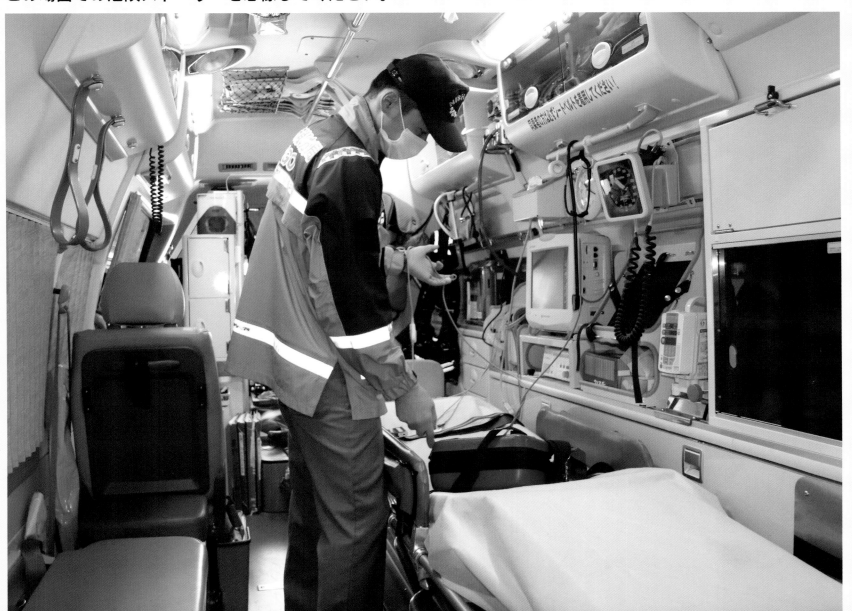

KYTルール

批判禁止

・良い悪いで他者を批判しない

自由奔放

・思うがままになんでも発言する

大量生産

・どんな内容でもいいので、どんどん意見を出す

便乗加工

・他者のアイデアに便乗、加工して良い意見にする

否定文禁止

・「○○しない」という表現を使用しない

具体的表現

・より具体的な表現に言い換える

KYT記入シート

シート№：＿＿＿＿＿＿＿＿＿＿＿＿＿＿
実施日：＿＿＿＿＿＿＿＿＿＿＿＿＿＿
参加者：＿＿＿＿＿＿＿＿＿＿＿＿＿＿

1R：現状把握（危険ストーリーを考えよ）

番号	要因（〜なので）	行動（〜して）	現象（〜になる）
1			
2			
3			
4			
5			
6			
7			

2R：本質追究（重要な危険ストーリーを選択）

3R：対策樹立（肯定文で対策を考えよ）

番号	対　策

4R：目標設定（対策案を絞り込み行動目標を決定）

〜チーム行動目標〜

ISBN978-4-8090-2470-2　C3030　¥1800E　定価（本体1,800円＋税）

救急
KYT
シート

兵庫県西宮市消防局　編著

東京法令出版

まえがき

　近年、救急出動件数は全国的に増加の一途をたどっています。救急需要の増加に伴い、救急隊員には多種多様化する救急事案に対応するため、高度かつ柔軟な対応能力が求められています。

　これらの各種事案に対応するためには、救急に関する知識や技術を向上させることに加え、救急現場に潜む危険要因の予測や回避能力も身に付けておく必要があります。こうした能力の習得には、職員個々の経験やベテラン職員からの知識・技術の伝承に加え、日頃から現場活動で、様々な危険要因を予測する習慣を身に付けておくことが重要となります。

　しかし、救急業務の従事経験が乏しい職員や昇任して間もない救急隊長にとっては、救急事案の「どこに危険要因が潜んでいるのか」、「どのような事柄に注意を払う必要があるのか」、「危険に対する回避・対処方法」などを自ら想定するのは非常に困難です。また、日常的に救急業務に従事する職員にとっても、隊員同士や救急隊の中で救急業務の中に潜む危険要因やその対処方法等について、共通認識を持つことが難しく、それらの習得ツールはほとんどないのが現状でした。

　そこで、既に工業界において事故や災害を未然に防ぐ目的で実施されている「危険（K）予知（Y）トレーニング（T）」を参考に、救急事案の中で発生しやすい事故やヒヤリ・ハット事例などを集録し、救急業務における事故や災害を未然防止するための能力を養うことを目的に「救急KYTシート」を作成しました。このシートは、出動指令から帰署までの救急業務に潜む様々な危険要因について、救急現場での各場面を写真やイラストで切り取り、隊員同士の活発な意見交換・情報共有を通して、習得することができる構成となっています。

　この「救急KYTシート」が、救急事案における危険要因に対する感受性や事案対応能力の向上に役立ち、救急業務での受傷事故を１つでもなくすための一助となれば幸いです。

令和元年（2019年）12月

兵庫県西宮市消防局

●── 目　次 ──●

※　上記25の事例シートとKYT記入シートが付いています。KYT記入シートはこの本の巻末にもありますので、
　　コピーしてご活用ください。

1 救急KYT導入の経緯

KYTとは危険予知訓練のことであり、危険の「Ｋ」、予知の「Ｙ」、トレーニングの「Ｔ」の頭文字を取ったものである。

KYTは工業界において事故や災害を未然に防ぐことを目的に作られた訓練であり、作業に従事する者が自ら危険を感じとることにより、主体的に安全行動に努めるようになることを目指している。KYTは、もともと住友金属工業株式会社で開発されたもので、中央労働災害防止協会が職場の様々な問題を解決するための手法である問題解決４ラウンド法と結び付け、さらに、日本国有鉄道（旧国鉄）の伝統的な安全確認手法である指差し呼称を組み合わせた「KYT基礎４ラウンド法」としたものが標準とされている。

この「KYT基礎４ラウンド法」とは、グループで集まり職場の作業風景の写真、イラスト等を見て危険ポイントを考察し、それに対する対策及び行動目標を設定するものである。現在では医療界、交通安全教育等で利用されており安全意識の向上に効果と実績を上げている。

KYTを救急現場活動にも取り入れることで、救急に関する知識や技術を向上させることを主眼とした救急研修ではなく、危険認知に対する感受性を磨くことを主眼においた研修が可能になると考えた。

救急KYTシートを作成することとなったきっかけとしては以下の４点である。

日々の業務でのヒヤリ・ハットの発生等、救急活動中における多くのインシデントが報告されており、重大事故につながるおそれがあることから、万全な救急業務を推進するには、危険因子をあらゆる角度から減らす必要があった。

近年、職員の入れ替わりにより、現場経験が少ない若手職員が増加傾向にあり、救急現場における危険予知能力の低下が懸念される。また、若手職員は、危険状態の認知能力や突発的に発生するアクシデント等の回避能力が低いと考えられるため、救急隊員はもちろんのこと、傷病者や関係者に対する二次災害が発生する可能性が高くなる。これらのことから、経験豊富な先輩職員の救急活動中における危険事例等を伝えて継承する必要があった。

複雑多様化する救急事案や増加する救急出動件数に的確に対応するためには、早期に危険を察知する能力や業務を継続できる集中力、最適に問題を解決する能力等、総合的な危機管理能力を向上させる必要があった。

署内で実施するマンネリ化した救急研修を、個々の職員が多角的な視点を持ち、自ら考え、気付き、次の行動に移せるような、効果的な研修に改善する必要があった。

　事故やトラブルを減らすためには、安全に対する意識の向上が必要である。その第一歩として必要なのは「自分たちが活動する救急現場には多くの危険が潜んでいる」ことを気付かせることである。また、中堅職員においても「○○だろう」を「○○かもしれない」に意識を変化させることが必要である。

　このKYTを通じて多くの「かもしれない」を見つけ、それに対する対応方法を見つけることに役立てていただければ幸いである。

2 KYTの効果

　KYTは、「安全の基本的な考え方」と「今までの救急活動の経験」などの基礎知識を活用して、又は、ヒヤリ・ハット事例を参考にして、救急現場の多様な状況下に潜在する危険ストーリーを予測できる「察知力」に「安全対策」を加えて、「予防措置力」を養う訓練である。

　実際にその現場にいなくてもKYTシートを通して、主人公になりきることで、危険に気付き、予防策を考えるという **疑似体験** ができることが大きな効果である。

　KYTをすれば確実に事故がなくなるという安直な期待は禁物だが、安全への意識が高まっていくことで、確実に事故は低減していく。そのためには、危険への認識を高め、職場全体に「安全文化」を作り出す必要がある。

　1つの危険ストーリーを見ても、実際にヒヤリとした経験をした人や危機意識の高い人にとっては「当然の危険防止対策」であったとしても、経験が浅く、起こり得る危険が理解できない人にとっては、「無駄なこと」、「面倒なこと」にしか感じないこともある。安全意識の向上には、ヒューマンエラーの発生や環境の不備等に自分自身が気付かなければならず、人から与えられて身に付くものではない。

　つまり、経験が浅く安全意識の低い職員に対して、他者が一方的に危険事例を教え対応策を学ばせたところで、当事者意識が低いため安全意識の向上はあまり期待できない。重要なことは、危険ストーリーを思い付かせ、対策を考案させること自体が事故の **疑似体験** であり、このKYTにおいて重要な過程であるといえる。

　KYTの最終的な目標は、訓練を繰り返すことにより、危険要因やその対策を学ぶというよりも**「自分が働く現場環境には多くの危険が潜在している」**ということに気付かせることである。

　このKYTを実践することで、危険要因を排除しながら業務を行う意識と能力を養うことができる。

3 KYTシート活用方法

救急隊や複数人での実施方法 ||||||||||||||||||||||||||||||||||||||||||||||||

1 リーダーと書記役を決定する。
2 リーダーはKYTのルールを説明する。

KYTルール

批判禁止
・良い悪いで他者を批判しない

自由奔放
・思うがままになんでも発言する

大量生産
・どんな内容でもいいので、どんどん意見を出す

便乗加工
・他者のアイデアに便乗、加工して良い意見にする

否定文禁止
・「○○しない」という表現を使用しない

具体的表現
・より具体的な表現に言い換える

第1ラウンド 現状把握

3 リーダーは、メンバーに事例シートを見せながら状況設定を説明し、「どんな危険ストーリーが考えられますか」と問い掛ける。ただし、シートの写真はイメージであり、間違い探しではないことを強調する。

4 メンバーはシート内の主人公（隊員）に成りきって、気が付いた危険をできるだけ具体的に発言していく。リーダーはなるべく全員が発言できるように問い掛け、多くの危険ストーリーを思い付かせるように誘導する。

　KYTにおいて、この作業が最も重要で、しっかり時間を掛け、できるだけ多くの危険ストーリーを考えさせることが必要である。

なお、危険ストーリーはできる限り以下の文章パターンに当てはめる。書記はKYT記入シートに危険ストーリーを記入していく。

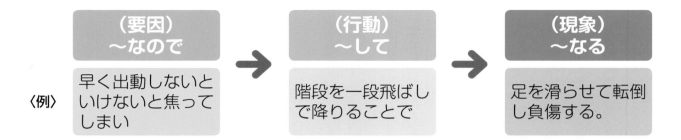

（要因） 〜なので	→	（行動） 〜して	→	（現象） 〜なる
〈例〉早く出動しないといけないと焦ってしまい		階段を一段飛ばしで降りることで		足を滑らせて転倒し負傷する。

5　リーダーはできるだけ多くの危険を発見できるように、メンバーに問い掛け支援していく。
　　具体的には以下の３つの観点で問い掛け、危険に気付かせる。

具体的なストーリーを作成するための３つの観点

①隊員の不適切な行為
・隊員のどんな行為が考えられるか

②不安全な環境や設備の状況
・エラーを引き起こすような環境が考えられないか

③傷病者の不安全な状態
・傷病者の不安全な状態・危険行動を起こす要因はないか

第2ラウンド　本質追究

6　出てきた危険ストーリーから重要と思われる事象を、メンバーと協議し選別する。リーダーは「事故の可能性や頻度の高いものは何ですか」、「重大事故となりかねないものは何ですか」とメンバーに問い掛けて、重要危険ストーリーを１つか２つに絞っていく。

第3ラウンド　対策樹立

7　第２ラウンドで選ばれた「重要危険ストーリー」の対策について協議する。
　　リーダーは項目の対策についてメンバーに問い掛け、予防策、防止策について、メンバーからアイデアを引き出していく。その際の対策は全体ルールでも示したとおり、**「〇〇しない」という否定的、禁止的な表現ではなく、「〇〇する」といったように、行動を具体化させることが重要である。**

8　全員の合意の下で「重点実施項目」を絞り込む。メンバー全員が納得のいく対策を話し合いで決定していく。行動目標が1つか2つに決まったら、タッチ・アンド・コールというパフォーマンスによって全員に印象付け、確認しあう。

タッチ・アンド・コール

　参加者全員で円陣を組み、触れ合いながら行動目標を唱和する方法である。
　この方法は行動目標を印象付けるだけでなく、チームワークを育むために行うものである。
　タッチ・アンド・コールの型には以下のようなものがある。

① **タッチ型**
　円陣を作り、左の人の右肩に左手を置き、右手人差し指で円陣の中央を指す。

② **リング型**
　円陣を作り、左手で左の人の親指をそれぞれ握り合いリングを作って、右手人差し指でリングの中央を指す。

③ **手重ね型**
　円陣を作り、チームリーダーは左手を上向きにして中央に出し、メンバーはその上に左手を下向きにして重ね合わせ、右手人差し指で重ね合わせた左手を指す。

個人での実施方法

・個人学習の有用性

　日常の救急業務では、隊長、機関員、隊員それぞれ特定の役割で活動することが多いが、救急KYTを個人学習することで、様々な役割の危険要因や安全管理のポイントなどを多角的に把握することができ、救急活動で視野を広げることにもつながる。

第1ラウンド 現状把握

1　状況設定を確認し、事例シートを見ながら「(要因)〜なので」、「(行動)〜して」、「(現象)〜なる」に当てはめて、危険ストーリーを想像(イメージ)する。
　これが最も重要な作業になるため、想定した事象について、可能な限り列記する(p.4の

〈例〉を参照）。

・**ポイント**

① 隊長、機関員、隊員それぞれの立場で想定される危険ストーリーを検討する。

② 隊員個々の活動における事象や、部隊・複数人が関わることにより発生する事象について危険ストーリーを検討する。

2 具体的なストーリーを作成するための3つの観点は、p.4を参照する。

第2ラウンド 本質追究

3 列記した危険ストーリーから重要と思われる事象を選別し、重要危険ストーリーを1つか2つに絞る。

・**重要危険ストーリーを抽出するポイント**

① 事故の可能性・頻度の高いものは何か。

② 重大事故になりかねないものは何か。

第3ラウンド 対策樹立

4 第2ラウンドで抽出した「重要危険ストーリー」の対策について考察する。

その際の対策は、全体ルールでも示したとおり、「○○しない」という否定的、禁止的な表現ではなく、「○○する」といったように、行動を具体化させることが重要である。

・**考察のポイント**

① 隊長、機関員、隊員それぞれの立場での想定される予防策や防止策を考察する。

② 隊員個々の活動における事象や、部隊・複数人が関わることにより発生する事象について予防策や防止策を考察する。

第4ラウンド 目標設定

5 実施可能な「重点実施項目」を定め、救急活動の中で実践する。また、救急隊のミーティングや内部研修の際に情報共有を図り、円滑な救急活動に役立てるとともに事故の未然防止を図る。

KYTシートの使い方が動画でわかる!!

　KYTの活用方法について、「KYT基礎4ラウンド法」の説明と消防署での研修風景をそれぞれ映像に収録しました。

　文章では、イメージできない点についても補足を加え、わかりやすく作成していますので、庁内研修の説明時や研修方法の確認時に活用してください。

　スマートフォンやタブレットで二次元コードを読み取ると映像が視聴できます。

引用・参考文献

・厚生労働省　職場のあんぜんサイト　https://anzeninfo.mhlw.go.jp/yougo/yougo40_1.html
・中央労働災害防止協会ホームページ　https://www.jisha.or.jp/
・杉山良子編著『ナースのための危険予知トレーニングテキスト』メディカ出版　2010年発行

1 指令を聞き、車両に向かおうとしています。

〈危険ストーリー例〉

階段を一段飛ばしで降りたので、階段を踏み外して、転倒する。

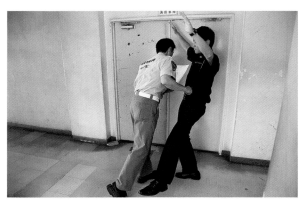

時間短縮のために、指令書を見ながら移動したので、前方の人に気付かずに、接触する。

無線機をしっかりと手に持たずに移動し始めたので、無線機を落とし、破損する。

車庫へ出る際に扉を勢いよく開けたので、扉の向こう側にいた人と接触し、けがをさせる。

! 　救急の出動指令が入った際は、できるだけ早く出動しなければならないが、出動を急ぐあまり周囲の確認や一つひとつの動作が不注意になりがちである。隊員同士の接触による負傷、資器材の破損があれば、出動時間はさらに遅くなる。

　急ぐ気持ちを抑え、周りをよく見て出動準備をしなければならない。

　また、仮眠中に出動指令が入った際は、注意力散漫となり段差の踏み外しや確認事項の未実施が考えられるため、隊員個々で行動するのではなく、隊全員で、出動準備を行うなど、事前対策を立てておくことも必要となる。

② 車両に乗り込もうとしています。

〈危険ストーリー例〉

ドアを閉める際、次の動作に意識が移っているので、しっかり閉めたか確認しておらず、半ドアの状態になる。

周囲を確認しないまま、ドアを勢いよく開けたので、周囲の物や人とドアが接触する。

車輪止めを外し忘れたので、車両が車輪止めに乗り上げる。

乗車を全員で確認しあっていないので、隊員がまだ乗車していないことに気付かず、出動する。

 車両に乗り込む際、ドアの開け閉めは簡単な動作であるだけに次の行動に意識が移りがちである。ドアが周囲の人や物へ接触しないか、施錠したかどうかの確認は必ず目視で行わなければならない。また、出動直前には乗組員同士で、全員乗車したか、資器材の積み忘れがないかを確認することが必要である。

出動中、車内で隊員が資器材準備をしています。

〈危険ストーリー例〉

メインストレッチャーの上にスクープストレッチャーを出したので、扉を閉める際コード類を挟み込み、断線する。

無線受話器をしっかりと固定できていなかったので、走行中に受話器が落下し、頭部を直撃する。

走行中、立って作業をしていたので、車両が急ブレーキをかけた際、転倒する。

バックボード上に資器材を置いていたので、車両の揺れで落ちてしまい、破損する。

! 　出動中の車内では、限られた時間の中で資器材の準備をしなければならないが、走行中の車内は大変危険であり、立って作業をする際は車内のどこかにつかまるなど対策を講じる必要がある。また、救急車内では収納していたコード類が振動で落ちてくることもあるので、断線には十分留意する。

　救急出動から帰署した際に、次の救急出動に備えて資器材の確認や救急車内の整理整頓を行うことも、スムーズに資器材準備ができる要件の1つである。

 救急車が現場到着し、車両から降りてストレッチャーを準備しています。

〈危険ストーリー例〉

降車前に外を確認していなかったので、ドアを開いた際、救急車の横を歩いていた通行人と接触する。

降車時に地面を確認していなかったので、足を踏み出した場所に溝があり、隊員が転倒する。

ドアを目視で確認せずに閉めたので、シートベルトが垂れていることに気付かず、シートベルトを挟み込む。

AVM画面（車両運用端末装置）を確認せずに降車したので、表示されたままになっていた個人情報が車外から市民の目に触れ、個人情報が漏えいする。

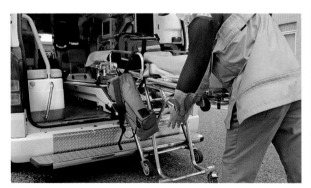

ストレッチャーの上に無造作に資器材を乗せていたので、ストレッチャーを降ろした際に資器材が落下し、破損する。

現場到着時、傷病者接触を急ぐあまり、周囲の確認を怠ってしまうことが考えられる。現場付近が安全であるとは限らないということを常に意識し、必要な動作を１つずつ確実にこなすことで安全かつ迅速な活動ができる。

隊員全員で協力して安全確認を行い、ストレッチャーの準備を行う。

傷病者のもとへストレッチャーを押しながら向かっています。

〈危険ストーリー例〉

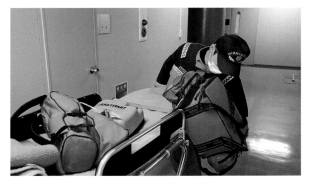

ストレッチャーの上に荷物を置いたまま段差を乗り越えようとしたので、ストレッチャーに置いている資器材が落下し破損する。

狭い通路を通行中、進行方向だけに目を向けていたので、ストレッチャーが他の物品に接触し、物品やストレッチャーが破損する。

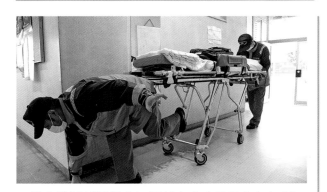

前の隊員が通行人に気付き止まろうとしたが、後ろの隊員が気付かずストレッチャーを押し込んだので、転倒する。

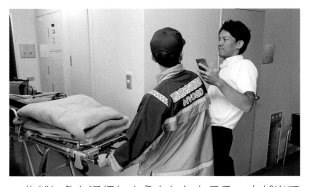

曲がり角を通行しようとしたところ、人が出てくる可能性を考慮しなかったので、通行人と接触し、通行人が負傷する。

傷病者宅までの道中、ダラダラと歩いていたところを市民が目撃し、救急隊の信頼を失う。

! 　現場到着から傷病者接触までの間は、傷病者と早期に接触することも大切であるが、車両から傷病者までの間にどのような危険因子が潜んでいるか、周囲を観察しなければならない。赤色灯を点灯した救急車に気を取られ前方を見ていない通行人も多くいるため、声掛け等の対策も考慮する必要がある。また、現場に出れば多くの市民の目があるということを念頭に置き、公務員としての自覚を持った行動を取らなければならない。

 傷病者宅に入ろうとしています。

〈危険ストーリー例〉

確認不足により傷病者宅を間違えたので、現場到着時間が遅延し、市民の信頼を失う。

足元を確認せず玄関に置かれた靴等を踏みつけたので、転倒や市民とのトラブルに発展する。

居室内で放し飼いにされているペットを考慮しなかったので、かまれたり、ペットが傷病者宅から逃げ出す。

スクープストレッチャー等、大型の資器材を携行し住宅内に入る際に、室内の状況を確認しなかったので、置かれた物品に接触し破損する。

自損行為等により有毒ガスが発生している場所に不用意に進入したので、二次災害が発生する。

> ❗ 住環境は様々である。安易に危険がないと判断するのではなく、荷物の整理状況やペット柵等、様々な物品から室内の状況を予想し危険回避に努めなければならない。また、接触を急ぐあまり、住居の間違えや資器材の確認不足は当然に回避しなければならない。

 **交通事故現場で傷病者に接触しようとしています。**

〈危険ストーリー例〉

事故車両が破損しているので、ガソリンが漏えいし、引火・爆発する。

同乗者が車外へ放出されていたり、通行人等が巻き込まれている可能性があるので、傷病者数の把握漏れが生じる。

ガラスが割れて散乱しているので、傷病者接触時に負傷する。

周囲の安全確認をせず、事故車両に近づいたので、すり抜けてきたバイク等の車両と接触する。

！ 　交通事故は、対応する機会の多い事案であるが、事故の程度・規模が大きく広範囲であるほど、現場状況の把握や安全の確保が困難となるため、傷病者数の見落としや、二次災害の危険性が高くなることを認識し、注意する必要がある。
　また、交通事故現場付近では、複数の交通事故が発生している場合もあるため、事故概要や車種等の指令内容から出動指令の該当事案であるかをしっかり確認し、接触する必要がある。

8 住宅内で倒れている傷病者に接触しようとしています。

〈危険ストーリー例〉

周囲を気にせず傷病者の近くに移動したので、傷病者の周囲にある家具や家財に接触し破損する。

足元を見ずに傷病者と接触しようとしたので、フローリング上に敷かれたじゅうたんがずれて転倒する。

傷病者の病態に気を取られていたので、失禁等に気付かないまま踏んでしまい、汚損する。

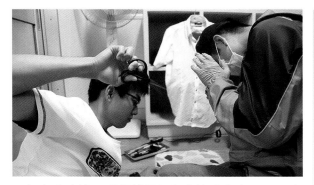

加害事案等で現場状況に気を取られたので、自身の安全管理が不十分となり、二次災害の危険に気付かない。

 傷病者が目に入れば、必然的に傷病者の病態観察に気を取られてしまいがちだが、住居内という閉鎖空間には様々なリスクが潜んでいる。居住者にとっては日常であるが、我々救急隊員にとっては初めて足を踏み込む場所であるため、内部の物品の位置や足元には十分に注意を払わなければならない。また、加害事案や自損事案の場合、衝撃的な現場状況に気を取られがちとなるが、自身や隊の安全を第一に考え活動しなければならない。

9 風呂場の浴槽内から意識障害の傷病者を徒手で搬送しようとしています。

〈危険ストーリー例〉

傷病者を移動させようとしたところ、浴室タイルで足を滑らせて転倒する。

徒手で傷病者を搬送しようとしたところ、手が滑り傷病者が落下してけがをさせる。

浴槽内に足を踏み入れた際、失禁等に気付かず、足を汚損する。

不安定な状態で傷病者を持ち上げたので、上腕や肋骨を骨折させる。

! 　浴室やトイレ内での救急事案において、徒手で傷病者を搬送する際は、極めて困難な状況となる。

　衣服を着ていない傷病者の場合、傷病者に対する愛護的な搬送を怠ると、即傷病者にけがを負わせてしまう可能性があるので注意が必要である。

　資器材を有効に活用し、迅速かつ確実に傷病者を搬送できるよう訓練を重ねることも大切となる。

10　背負い搬送で傷病者を搬送しようとしています。

〈危険ストーリー例〉

足を前後に開かず下半身に力を入れていなかったので、突然傷病者が体重をかけた際に転倒する。

背負い搬送で搬送中に傷病者が嘔吐・吐血したので、隊員が汚損し、血液感染する。

傷病者を背負って立ち上がる際、障害物（鴨居、柱等）に傷病者の頭部や下肢が接触したので、負傷する。

隊員が無理な体勢で立ち上がったので、腰部を痛める。

!　布担架やスクープストレッチャーでの搬送が困難な場合、背負い搬送で搬送することがあるが、背負い搬送をする隊員は、傷病者の体格や現場状況を考慮し、安全に搬送しなければならない。

背負い搬送をしていない隊員が後方から補助し、背負い搬送をしている隊員の死角に障害物がないか注意を払うことで安全な搬送につながる。また、傷病者が安心できるように常に声掛け等を行う必要がある。

**11** 布担架を使ってストレッチャーまで傷病者を搬送しようとしています。

〈危険ストーリー例〉

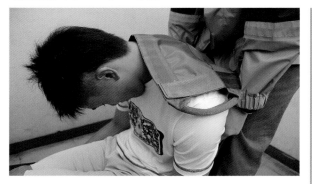

意識障害の傷病者を布担架で搬送中、座位になり首が前屈するので、気道閉塞を起こす。

階段搬送時、傷病者をベルトで固定せず足側の隊員が足を上げないで搬送したので、傷病者が足側に滑り落ちる。

傷病者が揺れるのを怖がり壁や手すりを持ってしまったので、隊員と傷病者がバランスを崩して転倒する。

腰痛等を確認せず布担架に乗せたので、持ち上げようとした際に体幹が曲がり、傷病者に苦痛を与える。

> ❗ 布担架は軽量かつコンパクトで、狭い場所においても小回りが利くため非常に便利な搬送資器材である。しかし、担架自体が骨組みのない布製であるため、傷病者を乗せた際、不安定となり、傷病者に不安を与えるおそれがある。また、意識障害、外傷、腰痛症の傷病者に対する使用は状態の悪化、苦痛を伴うこともあることから、使用には十分注意が必要である。

12 スクープストレッチャーで傷病者を搬送しようとしています。

〈危険ストーリー例〉

スクープストレッチャーで挟み込む際、傷病者の髪の毛を頭側のロック部分に巻き込む。

スクープストレッチャーで傷病者を挟み込もうと周辺でセッティング中、金具が傷病者に接触する。

通れると想定していたが傷病者を乗せた後、通れないことに気付いたので、搬送方法を変更する。

狭い曲がり角を通る際、スクープストレッチャーに角度をつけ過ぎたので、傷病者が落下する。

> ❗ スクープストレッチャーは傷病者搬送でよく用いられる資器材だが、搬送経路が狭かったり、使用方法を誤ると傷病者の負傷につながる。
> 　事前に搬送経路の確認や周囲の状況に注意を向け、危険を回避する必要がある。

13 エアストレッチャーで傷病者を搬送しようとしています。

〈危険ストーリー例〉

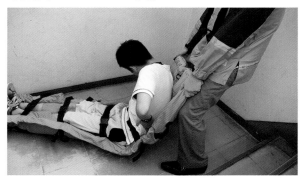

腰痛の有無を確認しなかったので、エアストレッチャーに乗せようとした瞬間に痛みが助長し、傷病者に苦痛を与える。

傷病者の手がエアストレッチャーからはみ出していたので、壁等に当たり、傷病者が負傷する。

エアストレッチャー操作時に周りの確認を怠ったので、エアストレッチャーが置物等に接触し、破壊する。

廊下から下り階段に切り替わる際に、頭側の隊員が上に持ち上げなかったので、傷病者の体が反り、苦痛を与える。

エアストレッチャーのベルトの締め付けが甘かったので、傷病者の自重により下方にずれて、頸部が絞まる。

> ❗ エアストレッチャーは様々な衝撃を吸収し、階段等、傷病者を持ち上げずに引っ張って搬送することができる資器材である。しかし、引きずるという格好になるため、傷病者をはじめ家族等に搬送法について説明し理解を求める必要がある。また、階段から降りる際に傷病者の重みでやや下方に体がずれるため、恐怖心が伴い、傷病者が手を出すことで負傷する危険性があるため、十分に注意する必要がある。

14 チェアポジションで傷病者を搬送しようとしています。

〈危険ストーリー例〉

チェアポジション時のタイヤは小径で硬いので、小さな段差や溝に挟まり、動けなくなる。

ストレッチャーをトランスポーターへ乗せる際に、ストッパーの金具を持っていたので、隊員の指が挟まり、負傷する。

ベルトを固定せずに搬送したので、段差やくぼみにタイヤが挟まり、傷病者が投げ出されて落下する。

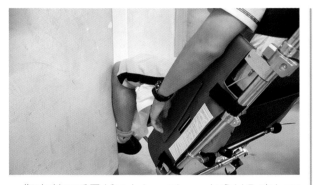

傷病者の手足がストレッチャーからはみ出していたので、狭い曲がり角を曲がる際に、接触し負傷する。

　　チェアポジションはエレベーターにトランクがない場合、座った姿勢のまま省スペースで搬送することができる資器材である。隊員1名で搬送できる資器材だが、傷病者の状態が見えない後方に隊員がいるため、傷病者を観察したり、タイヤが挟まった場合の操作を行う隊員が必要になる。救急業務の経験が少ない隊員は、チェアポジションに変更する際の手順や注意事項を理解し取り扱いに慣れておくことが必要になる。意識障害のある傷病者は自ら姿勢を保つことができず、前方左右に倒れるおそれがあるため、必ずベルトを使用する。腰痛症や大腿骨頸部骨折等の傷病者に対する使用は状態の悪化、苦痛を伴うこともあることから、使用には十分注意が必要である。

15 一人暮らしの傷病者宅を出て行こうとしています。

〈危険ストーリー例〉

持ってきた資器材を周知していないので、資器材を傷病者宅に忘れて家を出た。

傷病者の必要所持品を確認していないので、保険証、お薬手帳、携帯電話、財布、靴を忘れてしまい、病院決定後再度取りに行く。

室内に入る際、靴の整理をしていなかったので、傷病者を搬出時に踏んでしまい、隊員が足首を捻挫する。

酸素バッグ等を背負って搬出する際、後方の確認をしなかったので、酸素バッグが家の物品に当たり破損する。

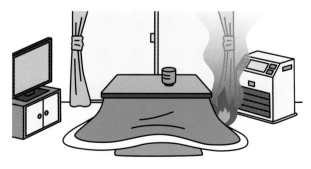

一人暮らしの傷病者宅から出る際、ストーブ、こたつ等の火の元や施錠を確認しなかったので、傷病者宅が火事、盗難の被害に遭い、傷病者とトラブルになる。

! 傷病者宅を出る際、特に一人暮らしの傷病者宅の場合は、火の元、施錠の確認、病院受診に必要な所持品の確認が必要で、十分に留意しなければならない。また、搬出時は隊員の手がふさがっており、収容物と当たり破損や負傷等の危険性が高まる。傷病者宅からの資器材忘れも懸念されるため、互いに声を掛け合いながら、全員の目で確認する必要がある。

 傷病者の所持品を確認しています。

〈危険ストーリー例〉

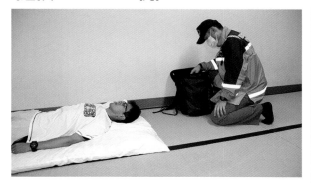

傷病者の同意を得ず、隊員一人で確認したので、傷病者が所持品を盗難紛失されたと思い苦情になる。

傷病者の所持品を不用意に鞄の外に出して確認したので、他人に知られたくない物品が入っており、プライバシーの侵害で苦情となる。

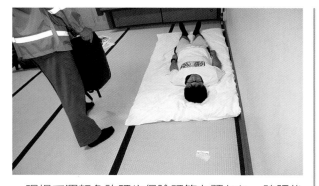

現場で運転免許証や保険証等を預かり、確認後すぐに返却しなかったので、身分証明書を預かったことを忘れ、車内収容までの間に紛失する。

身元確認を行うため、傷病者の携帯電話（スマートフォン）を操作する際、しっかり保持していなかったので、手を滑らせて落とす。

　傷病者の意識があるなしにかかわらず、接触時は所持品の有無を把握する。

　傷病者が自己の所持品を管理できない状態にあるときの所持品の保管については、家族、保護者、警察官又は医師等に依頼するなど、保管先を明らかにしておく。

　搬送のため身元確認の必要があり、やむを得ず所持品を確認する場合は、家族、保護者、警察官又は医師等第三者の立会いの下に行う。第三者がいない場合や第三者の立会いを求める暇がない場合には、隊員複数名で行う。特に傷病者の所持する金品や身分証明書関係の取扱いは慎重に行う。

17 共同住宅の廊下をストレッチャーで移動しています。

〈危険ストーリー例〉

ストレッチャーのサイドガードを忘れたので、傷病者が移動搬送中に落下し、負傷する。

傷病者固定のベルトを忘れたので、傷病者が急に興奮状態となりストレッチャーから落下し、負傷する。

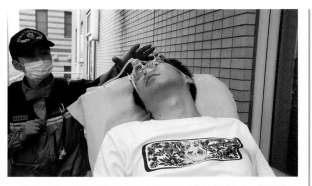

傷病者に酸素投与を実施しながら搬送中、搬送することに気を取られていたので、酸素投与のチューブが室内物品に引っ掛かり、酸素マスクが外れる。

傷病者搬送中、搬送経路の状況を把握できていなかったので、壁面等に傷病者の手が当たり、負傷する。

傷病者の足元に靴や鞄等を置いて移動したので、ストレッチャーの上から落下し、紛失又は破損する。

> ❗ ストレッチャーの取扱いを熟知していないと、搬送中に物品等と接触し破損させたり、傷病者をストレッチャーから落下させる危険性がある。
>
> 　傾斜地などではブレーキロックの再確認を行い、また、傷病者の落下防止のためのベルト固定を怠ってはならない。
>
> 　ストレッチャーでの移動は危険因子が数多く発生するため、最も注意を要する状況であると認識する必要がある。

18 ストレッチャーで傾斜地を移動しようとしています。

〈危険ストーリー例〉

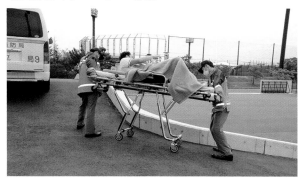

傾斜地のＴ字路で直角に曲がらず斜めに進行したので、ストレッチャーが側方に傾き、転倒する。

傾斜地を上っていたところ、傾斜がきつく重みに耐えきれなかったので、下方の隊員が転倒し、負傷する。

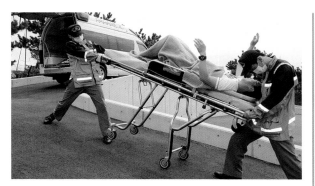

上り坂を足側から搬送中に頭側の隊員が押し込んだので、足側が浮き上がり、ストレッチャーが転倒する。

上り坂でストレッチャーを車内収容する際に、押し入れることができなかったので、後ろに押し戻され隊員が転倒する。

> **!** ストレッチャーに傷病者を乗せて傾斜地を移動する際は、平地で搬送している環境と全く操作方法が変わってくることを認識する。また、隊員同士で声を掛け合って搬送する経路の危険箇所の確認を行わなければならない。隊員個々がストレッチャーの構造や操作方法を把握し、その場の状況に応じた活動ができるよう備えなければならない。不穏状態や痛みによる体動が激しい傷病者を搬送する際は十分注意が必要となるため、ストレッチャーに備え付けのベルトを必ず使用する。

19 リアハッチを開閉しようとしています。

〈危険ストーリー例〉

後方確認を怠ったので、後方から乗車しようとした傷病者の家族と接触する。

救急車のハッチを開けたまま車両待機していたので、通行車両がハッチに気付かず接触する。

救急車のハッチが確実に閉まっていなかったので、車両が走行した際にハッチが開放する。

開閉部をしっかり確認せずハッチを閉めたので、身体の一部がハッチと車両の隙間に挟まり負傷する。

!　　救急車内への傷病者の収容は、大半の事案で共通する現場活動である。

　しかし、車内収容という当たり前の活動の中では、漫然と行動してしまう可能性が高まり、多くの危険が潜んでいる。

　傷病者を車内収容する際は、様々な危険要因を排除し、傷病者のみならず、関係者の危害防止に努める必要がある。

救急車内へ傷病者を車内収容しようとしています。

〈危険ストーリー例〉

点滴棒を立てたまま車内収容しようとした際、点滴棒が薬液の重みで傾いていたので、救急車壁面に接触し破損する。

座位で移動時、資器材をストレッチャーの上に載せたまま車内収容したので、ストレッチャーに挟み込み、資器材が破損する。

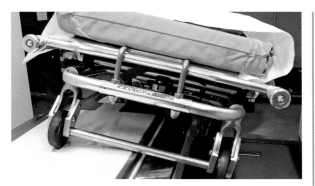

ストレッチャーが防振架台上にしっかりと乗っていなかったので、ストレッチャーが落ち、傷病者に動揺を与える。

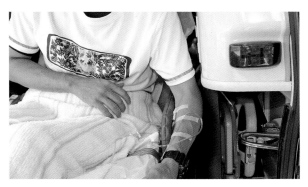

車内収容時にストレッチャーから傷病者の一部がはみ出していたので、左サイドガードと車内壁に腕が挟まり負傷する。

コード類を整理していなかったので、ストレッチャーが引っ掛かり破損する。

ストレッチャーは傷病者搬送の際、主に使用する搬送用資器材であるため、取扱要領や構造について熟知しておく必要がある。取扱方法を誤ると、資器材の破損や傷病者の負傷事故につながるため、注意が必要である。

また、円滑な救急活動を行うためには、常に救急車内の整理整頓に努めることが重要である。

 救急車内で傷病者観察を実施しようとしています。

〈危険ストーリー例〉

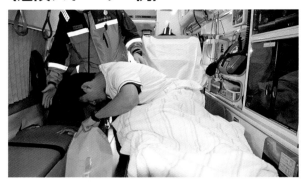

嘔吐しようとしている傷病者が不意に動いたので、ストレッチャーから転落する。

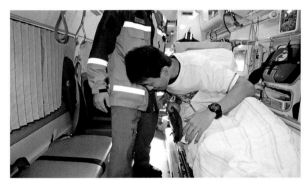

座位の傷病者が不意に嘔吐・吐血したので、隊員が汚損する。

透析患者でシャントを既設している傷病者に対し、しっかり確認しなかったので、シャント側で血圧を測定する。

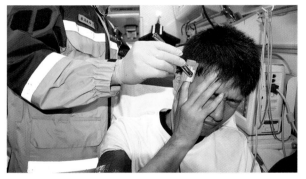

ペンライトによる瞳孔観察を走行中に実施したので、振動で体勢が崩れ、傷病者の目に接触し負傷する。

　傷病者観察を実施する際、不意に嘔吐や吐血することがあり、汚損すると感染の危険性があり、注意が必要である。

　また、透析患者ではシャント側で、麻痺のある傷病者では麻痺側で観察や処置を実施した場合、シャントが潰れてしまったり、骨折等のけがを負わせてしまう危険性が高いため、傷病者観察時には注意が必要である。

　救急車の急停止や振動を想定し、傷病者観察は着座で実施することや、手すりを持って移動するなど、注意を払う必要がある。

 救急車内で傷病者情報や概要を聴取しています。

〈危険ストーリー例〉

氏名等を確認しようと所持品を確認したところ、傷病者や同乗者の目前で行わなかったので、後に紛失等のトラブルになる。

預かった身分証を声掛け等せずに返却し、また、傷病者や家族がしっかり財布等に収納するところを確認しなかったので、後に紛失トラブルになる。

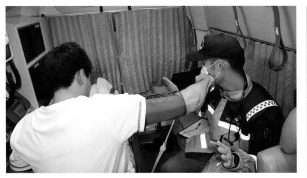

酩酊者・精神疾患の傷病者から概要聴取時、不用意に接近したので、不意に暴力行為を受ける。

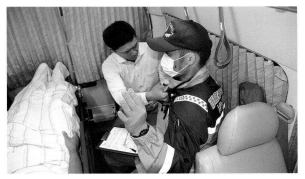

同乗者が飲酒しており、救急隊員が不用意な発言をしたので、同乗者とトラブルになる。

傷病者情報は、搬送先医療機関の手配時や申し送り時に必要な事項であるため、傷病者の保険証や運転免許証等を確認する機会が多くある。意識障害が生じている傷病者等から情報を取得する際には、所持品を確認する機会が多くなるが、傷病者や同乗者が見ていない状況下で貴重品等を扱うことは、後に紛失等のトラブルに発展する危険性が高いため、注意が必要である。

また、傷病者本人や同乗者が酩酊状態や興奮状態であった場合、不意に暴力を受ける可能性があるため、言動には注意が必要である。

23 救急車内のストレッチャーで胸骨圧迫・静脈路確保・気管挿管を実施しています。

〈危険ストーリー例〉

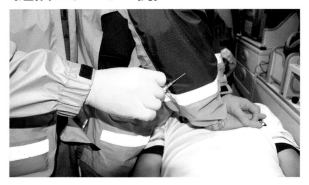

走行中の車内で周囲の安全確認及び穿刺針を扱う周知を怠ったので、車両の振動でバランスを崩し針刺し事故が起こる。

同乗者にシートベルト着用を促していなかったので、同乗者が不意に立ち上がり、バランスを崩して転倒又は車体等にぶつかり負傷する。

走行している車両の急制動等を意識していなかったので、CPR時にバランスを崩して隊員が転倒し、負傷する。

輸液ラインの存在を意識していなかったので、ラインに隊員や資器材が接触して、輸液ルートが抜ける。

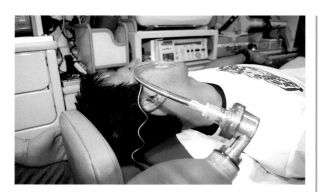

挿管チューブの固定が脆弱、又は挿管チューブの存在を意識していなかったので、隊員や資器材が接触して、挿管チューブが抜ける。

> ❗ 走行中の車内は急制動や道路の形状によって突如大きく揺れることがあり、より一層転倒等に注意する必要がある。また、「揺れるかもしれない」と常に意識していれば、自ずと活動全般について注意を払うようになる。自分の活動している環境特性について、常に把握しておくことが重要である。

24 病院到着後、ストレッチャーに乗せた傷病者を降ろそうとしています。

〈危険ストーリー例〉

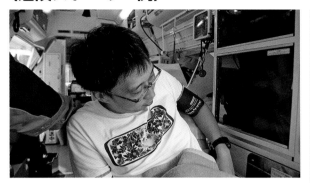

ストレッチャーを降ろすときに、観察状況を確認していないので、モニターのコードを付けたままストレッチャーを引き出し、資器材が破損する。

観察及び処置の実施状況を把握していないので、体温計を傷病者の脇に挟んだまま医療機関に引き継いでしまい、紛失する。

後方確認をせずにストレッチャーを降ろしたので、先に降りた家族と隊員が接触し、家族が転倒し負傷する。

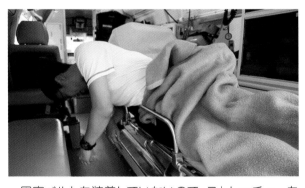

固定ベルトを装着していないので、ストレッチャーを動かした際の揺れで傷病者がバランスを崩し、ストレッチャー上から転落したり、車内壁と接触して、負傷する。

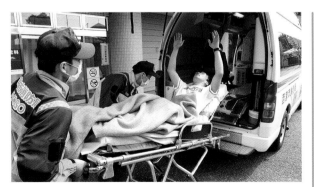

ストレッチャーの車輪が下りていることを確認していないので、ストレッチャーの脚が出し切れておらず、ストレッチャーが転倒し、傷病者が負傷する。

> ❗ 隊員は観察、処置及び医療機関への収容準備を同時並行で迅速に実施していかなければならない。その際に焦りが生じ、周囲が見えなくなり危険な行動につながることがある。また、扱う資器材が複数に及び、それぞれについて注意点を把握し、どのような危険が潜んでいるかを把握しておく必要がある。

25 傷病者を医療機関に引き継いだ後、次の出動準備をしています。

〈危険ストーリー例〉

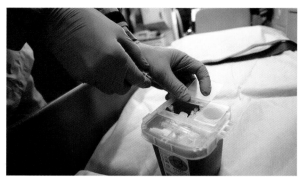

使用後、穿刺針をすぐに廃棄ボトルに廃棄しなかったので、片付ける際に誤って針刺し事故を起こす。

搬送後に疲労や集中力の欠如から資器材の確認を怠ったので、病院を引揚げ後、資器材の忘れ物に気付く。

搬送後に車内及び資器材の清掃や消毒の確認をしていなかったので、次の救急事案発生時に汚損している状況が発覚し、傷病者に不快な思いをさせる。

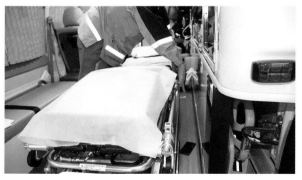

搬送後に車両内の隙間をチェックしていなかったので、傷病者や家族の落し物に気付かず帰署する。

! 　搬送後は活動が一旦完了し、蓄積している疲労を感じるとともに集中力が欠如しやすくなっている。そういう状況のときこそ危険が潜んでいるため、次の出動に備え確認と準備をしっかり行い、最後まで集中力を保つ必要がある。

　また、救急出動が重なると、車内や資器材の確認がおろそかになりがちになるが、最善の救急活動を行うためには、救急車内の環境整理と、資器材の確認は必須事項であることを念頭に置き、出動準備を行う必要がある。

KYT記入シート

シート№：_____

実施日：_____

１Ｒ：現状把握（危険ストーリーを考えよ）

参加者：_____

番号	要因（～なので）	行動（～して）	現象（～になる）
1			
2			
3			
4			
5			
6			
7			

２Ｒ：本質追究（重要な危険ストーリーを選択）

３Ｒ：対策樹立（肯定文で対策を考えよ）

番号	対　策

４Ｒ：目標設定（対策案を絞り込み行動目標を決定）

～チーム行動目標～